A LA MÉMOIRE

DU

DR FRANÇOIS-RENÉ BARTIN

1828-1889

A LA MÉMOIRE

DU

Dᴿ FRANÇOIS-RENÉ BARTIN

ALLOCUTION

PRONONCÉE AU CIMETIÈRE

PAR UN AMI DE LA FAMILLE

Nous rendons à la terre une dépouille bien-aimée. Quelques mots suffiront pour retracer une vie trop courte, qu'ont remplie tout entière deux choses saintes entre toutes : l'amour de la famille et du foyer, le culte de l'honneur et du travail.

François-René Bartin naquit le 15 juin 1828, à Ambert, dans la ville même où il devait trouver, trente ans plus tard, une compagne digne de lui.

Il avait pour père un homme dont l'impérissable souvenir est resté cher à tous ceux qui l'ont approché ou connu. — M. Etienne Bartin, alors jeune avocat à Ambert, unissait à d'éminentes qualités

professionnelles la pratique de toutes les vertus publiques et privées. — A Clermont, où il avait transféré son cabinet, il employa, pour élever son fils, un mélange peu commun de pénétration fine, d'énergie impérative, et de paternelle douceur.

Après de fortes études au lycée, François-René choisit la carrière médicale et débuta, comme étudiant en médecine, en octobre 1847, à l'Hôtel-Dieu de Clermont-Ferrand. Il y connut comme professeur l'homme éminent qui a si longtemps dirigé cette école, et dont le titre de directeur honoraire décore aujourd'hui la verte vieillesse (¹). L'élève et le jeune maître devaient plus tard devenir deux confrères, qu'une mutuelle estime attacha toujours l'un à l'autre.

Quelques années après, M. Bartin père, à qui le Gouvernement provisoire du 24 février 1848 avait confié le poste important de procureur de la République près le tribunal de Clermont-Ferrand, était envoyé, en la même qualité, à Besançon (²).

François-René poursuivit ses études médicales dans l'École préparatoire de cette nouvelle ville, et, à la fin de l'année 1850, alla se fixer à Paris, pour y suivre les cours de la Faculté de médecine.

Il y prit autre chose encore que les connaissances

---

(1) M. le Dʳ V. Fleury.

(2) M. Bartin, désireux de mettre à l'abri des luttes politiques de l'époque sa conscience de magistrat, obtint, en mars 1851, grâce à l'affectueux concours de son compatriote et vieil ami, M. Bravard-Veyrières, professeur à la Faculté de Droit de Paris, la présidence du tribunal civil de Roanne, qu'il a conservée jusqu'à sa mort.

pratiques nécessaires à l'exercice de sa profession. Par deux fois, les événements le mirent en face des exigences de cette profession qu'il n'avait pas encore, et il sut y satisfaire sans effort ni peine, grâce à l'énergie toute juvénile d'un dévouement dont les traditions héréditaires de sa famille et la mâle éducation de son père l'avaient libéralement pourvu.

Le 6 décembre 1851, M. le Dr Roux, professeur à la Faculté de médecine, félicitait François-René, debout près de son lit de service, à l'hôpital, des soins qu'il avait prodigués, avec ses camarades, au péril de sa vie, aux blessés des tristes journées de ce temps-là. Ainsi se révélait, avant l'âge, le médecin que vous avez connu, dans sa pratique habituelle, et surtout pendant les épidémies.

Les épidémies ! C'est encore avant la soutenance de sa thèse inaugurale qu'il fit connaissance avec elles... Les vacances de 1856 furent entièrement remplies par les soins qu'il donna aux fiévreux de la commune de Pérignat-ès-Allier. Le ministre de l'agriculture, interprète autorisé de la gratitude publique, lui décerna, au nom du Souverain, une médaille d'argent.

Reçu docteur en médecine le 12 août 1857, il vint se fixer à Chauriat, au milieu de vous, près d'une tante qui fut pour lui une mère et dont il a conservé le pieux souvenir jusqu'à son dernier moment.

Quelques années plus tard, une épidémie nouvelle vint mettre à l'épreuve son dévouement et sa naissante réputation de praticien. La commune de Mezel fut éprouvée, dans l'automne de 1866, par des fièvres

pernicieuses qui firent de nombreuses victimes.
Notre cher défunt se trouva au premier rang pour
les combattre, et les mesures intelligentes que prit
l'administration sur son initiative empêchèrent l'ex-
tension du fléau.

Mais l'épidémie la plus douloureuse et la plus
meurtrière de tout son exercice se rattache aux sou-
venirs inoubliables de l'année 1870. Pour des causes
qu'il serait trop long de rappeler ici, le séjour des
mobilisés dans la commune de Chauriat y développa
simultanément les germes de maladies aussi variées
qu'implacables. Fièvres de tous genres, suette mi-
liaire, variole noire, tout cela s'abattit sur ce mal-
heureux village, comme s'il eût fallu qu'il payât de la
sorte à la destinée, créancière de sa douleur, le bien-
fait de ne pas subir la souillure de l'étranger. Le
Dr Bartin se sépara des siens, et soutenu à toute
heure, accompagné près de chaque malade par le
vieil ami qui lui survit et qui pleure (¹), il put arracher
plusieurs d'entre vous à la mort.

Une dernière épidémie lui était réservée sur la
fin de sa carrière. En avril 1881, la commune de
Bouzel fut éprouvée à son tour. Malgré son âge et la
claire conscience des premières manifestations de
la maladie qui nous l'a enlevé, il fit, avec le plus
entier dévouement, son devoir de médecin et aussi
de protecteur autorisé des établissements d'enseignement public où le fléau s'était développé. Une
médaille d'argent du Conseil d'hygiène et de salu-

---

(1) M. Demasles, à cette époque maire de Chauriat.

brité du département du Puy-de-Dôme lui fut
décernée à ce titre, sur le rapport de son vieux
maître, M. le docteur Nivet. Peu après, une dernière médaille de vermeil lui fut offerte par la même
institution, en souvenir de l'ensemble de ses cam-
pagnes épidémiques.

Voilà ce que fut le médecin. Notre bien-aimé
défunt se faisait l'idée la plus haute de sa modeste
profession de médecin de campagne. « Par la fré-
quentation de la mort, disait-il à son fils, nous
tenons à la fois du prêtre et du soldat. Il nous faut
le sang-froid et l'énergie morale du second, l'âme
compatissante et charitable du premier. » Il avait
l'un et l'autre.

*
* *

Je n'aurais pas moins à louer l'administrateur et
le citoyen. Moralement contraint, au début de sa
carrière, de seconder son oncle dans l'administration de la commune de Chauriat, en qualité d'ad-
joint, il quitta dignement et sans regrets ces fonctions, du jour où son oncle mourut. Il voulait rester
à cette époque, avant tout et seulement, médecin.

Plus tard, il dut rentrer dans l'administration,
mais par une autre porte, pour d'autres motifs, avec
un autre titre.

Partisan résolu de l'enseignement populaire
laïque, dont il souhaitait que l'édifice reposât sur les
robustes assises que la campagne et le monde rural,
seuls, peuvent lui donner, il applaudit à l'initiative

énergique du gouvernement républicain dans cet ordre d'idées, et accepta de lui, en 1879, comme une charge sacrée, les humbles fonctions de délégué cantonal et de médecin inspecteur des écoles du canton de Vertaizon.

Ce qu'il fut pour eux pendant ces dix années, les instituteurs seuls le savent et ne l'oublieront jamais. Ce qu'ils ne savent pas, c'est qu'il ne parlait jamais d'eux, à son foyer de famille, sans employer un terme d'affectueux attachement. Il ne les défendit cependant jamais de parti pris. Il avait conservé des relations de politesse courtoise avec le personnel des établissements rivaux. Il sut faire pénétrer une exquise délicatesse dans des fonctions qui ne portent que trop souvent à l'intolérance des esprits moins cultivés que le sien.

En récompense des services de tous genres qu'il rendit à la cause de l'enseignement populaire, dont il avait le culte, le ministre de l'instruction publique lui adressa, le 14 juillet 1886, les palmes académiques. Il n'avait fait aucune démarche pour les obtenir.

*
* *

Un dernier mot, et j'ai fini. J'ai retracé l'image de l'administrateur et du médecin. Il me reste à vous rappeler son plus grand titre, celui dont il était le plus fier et le plus heureux : son titre de père. Il avait lu dans les saints Livres, qui ne quittaient jamais son bureau de travail, qu'on reconnaît un arbre aux fruits qu'il porte. L'éducation mâle qu'il a donnée à son fils, avec une ténacité toute romaine, a produit ce qu'il n'était que légitime d'en espérer. Ce fils a prodigué à ses parents des joies bien douces : il leur avait préparé une vieillesse tranquille et honorée. Tout cela n'est plus aujourd'hui que le lot impartageable de la veuve. De notre cher défunt il ne reste que le pieux souvenir que nous aurons de lui, et l'espérance de l'au-delà.

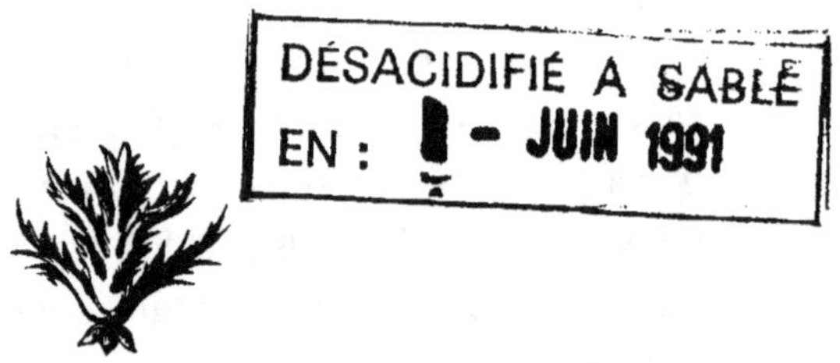

18736 — Paris. Imprimerie F. Levé, rue Cassette, 17.